DISCOURS

PRONONCÉ LE 21 JANVIER 1883

PAR

H. DAUSSY

Président de Chambre à la Cour d'Amiens.

« MESSIEURS,

« Par décret du Président de la République, en date du 29 décembre dernier, M. Toulet a été nommé chevalier de la Légion d'honneur.

« Suivant une tradition empruntée aux anciens ordres de chevalerie, les règlements veulent que le nouveau légionnaire soit reçu membre de l'ordre par un de ses confrères, qui est chargé de le faire chevalier en lui donnant l'accolade, et qu'on appelle son parrain. Le récipiendaire choisit lui-même ce parrain, et M. Toulet m'ayant désigné, le Grand Chancelier m'a expédié les pouvoirs nécessaires.

« On décore le soldat devant la troupe assemblée sous les armes, le marin à bord de son navire paré du pavillon tricolore. J'ai pensé qu'il convenait de décorer M. Toulet ici, dans cet atelier, qui est son œuvre, devant ses ouvriers, témoins et compagnons de ses travaux.

« Cette solennité, qui est une glorification du travail, est présidée par M. le Préfet, représentant du gouvernement, assisté de M. le Secrétaire général de la Préfecture et de M. le Sous-Préfet de l'arrondissement.

« Auprès d'eux, des représentants élus de la nation, membres du Sénat, du Corps législatif, du Conseil général, des membres de la Chambre de commerce d'Amiens viennent applaudir à la distinction nationale conférée à l'un des industriels les plus méritants de notre région.

« Les nombreux amis que M. Toulet a su se créer dans le cours de sa carrière, par la loyauté de son caractère sympathique, augmentent le cortège de sa famille, heureux comme elle de partager la joie légitime de l'honneur qui lui est décerné.

« Parmi eux, je distingue ses émules dans l'industrie locale. Ils y sont tous ; et je suis fier, pour eux comme pour lui, des sentiments d'excellente confraternité dont ils renouvellent ainsi la manifestation touchante.

« L'admirable union des patrons dans ce généreux hommage s'est reproduite, plus touchante encore peut-être, parmi les ouvriers. Ils ont ouvert une souscription pour offrir une croix au nouveau chevalier. Chacun a voulu, par sa modeste mais précieuse offrande, s'associer à ce que M. le Préfet vient d'appeler si justement la confirmation populaire de la décision du gouvernement. Cette croix, gage de la meilleure

et de la plus honorable popularité, M. Toulet
ne pourra l'attacher à sa boutonnière sans une
profonde émotion.

« Avec leur sens juste et leur cœur droit, les
patrons et les ouvriers d'Albert ont bien compris
toute la portée de l'honneur fait à l'un d'eux.
Patron il est aujourd'hui; ouvrier il l'a été. Comme
vous, mes amis, il a manié l'outil. S'il est
maintenant le chef d'une usine importante et
prospère, si l'estime et la considération publique,
qu'il a conquises, trouvent une éclatante con-
sécration dans les insignes dont je vais le décorer,
à qui le doit-il? à ses œuvres n'est-ce pas? à ce
travail infatigable, à cette prodigieuse activité
d'esprit et de corps, à cette énergie indomptable,
à cette persistance de volonté, à ce labeur incessant
dont vous avez été, dont vous êtes tous les jours
les témoins. Si quelqu'un ici croit avoir travaillé
plus que lui, qu'il s'avance et qu'il le dise !

« Son exemple est un grand et salutaire exemple;
sa décoration un utile et démocratique ensei-
gnement. Elle montre que, dans notre société
on peut, parti du dernier rang, s'élever au
premier. Chaque soldat, à la pointe de sa
baïonnette, peut conquérir jusqu'au plus haut
grade; chaque ouvrier, avec le marteau qu'il
tient à la main, peut se forger une croix
d'honneur.

« Que lui faut-il pour cela? Deux choses : de
la tête et du cœur.

« Les dons de l'intelligence sont dans la main de

Dieu. Elle les sème où il lui plaît ; et c'est pour cela qu'il est insensé de rêver une égalité absolue entre les hommes. Mais ce que peut faire la société et ce qu'elle fait, c'est de fournir à tous ceux qui ont reçu les dons d'en haut, quelle que soit leur condition, le moyen de les développer, afin qu'ils puissent tourner à leur profit et aussi à l'avantage de la Patrie, car plus une nation compte d'hommes puissants par l'intelligence, plus elle est puissante et respectée. Voilà pourquoi les lois de la République exigent que l'instruction soit répandue partout, afin que pas un des germes tombés de la main de Dieu ne périsse faute de culture.

« Mais, il ne faut pas s'y tromper, l'instruction n'est qu'un moyen : elle développe une force. Diriger cette force vers le bien, qui est le but, c'est l'œuvre de l'éducation. L'éducation, pour déterminer la volonté et la tourner résolument vers ce qui est beau, s'adresse au cœur, l'épure, l'agrandit, l'ennoblit. Par elle les aspirations généreuses étouffent les mauvais penchants, comme le bon grain étouffe la mauvaise herbe ; par elle les âmes s'élèvent, les hommes et les nations grandissent. En fait d'éducation il y a de bons livres, mais je ne sais rien de plus persuasif, de plus convaincant, de plus entraînant que l'exemple. Le spectacle d'une vie consacrée au travail, qui se déroule par un effort continu dans le droit chemin de la probité, du devoir, de l'honneur, du dévouement, et qui, sur cette route, ouverte à tous, trouve de légitimes récompenses, agit plus efficacement sur les âmes que les plus beaux préceptes. Ce spectacle vous l'avez sous les yeux ; l'exemple, il est là, vivant.

« C'est par là que M. Toulet a bien mérité, autant et plus, selon moi, que par la prospérité matérielle qu'il a créée autour de lui. Oui, il a amélioré le sort de l'ouvrier, il a fait augmenter son salaire ; oui, il a transformé ce pays que j'ai connu, il y a cinquante ans, presque exclusivement agricole, en un centre industriel qui laisse déborder de toutes parts l'exubérance de son activité. Mais, ce qui est mieux, il a fait rayonner autour de lui la chaleur de son âme ardente, il a suscité les énergies, enflammé les courages, parce qu'il a montré à tous, aux patrons et aux ouvriers, ce que peut faire une vive intelligence au service d'un cœur vaillant et d'une énergique volonté.

« Ce que vous êtes devenu, Toulet, vous le devez à vous-même, mais pas à vous seul. Je n'hésite pas à vous rappeler quelques-unes de vos dettes, sachant que vous n'êtes pas homme à les renier.

« Je vous ai souvent entendu raconter que, dans ce temps où vous dérobiez au travail manuel des heures furtives pour les consacrer à l'étude, vous avez appris les mathématiques, grâce à l'obligeance de deux honorables industriels de cette ville qui, pour vous, se sont faits professeurs ; de M. Munier, qui n'est plus, de M. Comte, qui applaudit aujourd'hui son élève d'autrefois. Il y a ainsi, à l'honneur de l'humanité, des âmes généreuses qui s'éprennent de sympathie pour un jeune homme dans lequel se révèlent de remarquables aptitudes et qui se font un bonheur de l'aider de leurs conseils, de leurs leçons, de leurs encouragements. De ces âmes, vous avez eu la bonne fortune d'en rencontrer plusieurs à vos débuts dans la vie. Il est un nom que je veux citer, et je suis certain d'être l'écho fidèle de vos sentiments en disant que ce nom de votre maître vénéré devrait, depuis longtemps, être inscrit sur la liste de l'honneur : celui de M. Sagebien.

« Il y avait à Albert une population de manouvriers, robustes de corps et d'esprit. Ils travaillaient la terre, vous leur avez demandé de quitter la bêche pour prendre le marteau. Avec vous ils se sont mis à l'œuvre, et en peu de temps il s'est formé un peuple d'ouvriers, de *noirs* comme on les appelle, adroits, alertes, ingénieux, et aussi ardents à manier leurs instruments d'aujourd'hui que leur bêche d'autrefois. Ils ne l'ont pourtant pas tout à fait abandonnée. Combien j'en vois, avant que la cloche n'appelle à l'atelier, avant l'aube, remuer la terre qui doit donner la nourriture de leur famille. Ces rudes piocheurs, les auriez-vous trouvés ailleurs ? Vous les aimez, vos ouvriers, et c'est justice. Ils vous aiment aussi; ils vous sont dévoués. Vous les avez vus à l'heure du péril. Il s'agissait d'aller couper les ponts de la Somme. Le Préfet, qui vous en expédia l'ordre, n'avait pas de troupe à vous donner pour protéger l'opération. Mais vous aviez vos ouvriers. Le chariot qui porta leurs outils porta aussi leurs fusils. S'il est bien d'honorer le chef courageux de cette entreprise hardie, il est juste aussi de rappeler que c'est Devillers, votre contre-maître, qui, sur le pont de Sailly-Lorette, quand on vint annoncer que les Prussiens arrivaient, refusa de quitter la besogne avant qu'elle ne fût achevée, et, saisissant un fusil, dit à sés camarades : « s'ils viennent, nous les recevrons. » On lui a donné la médaille, il l'avait bien méritée. Pour moi, quand je rencontre Devillers, c'est avec respect que je le salue.

« Ah ! il y a quelqu'un ici à qui vous devez beaucoup. C'est votre femme, c'est la mère de cette famille dont vous faites le bonheur, dont vous êtes l'amour et la gloire et qui, dans ces dernières années, a élargi par d'heureux mariages le cercle des tendres affections qui vous entourent·

« Avec mon expérience déjà longue de la vie, quand je vois un homme qui, ayant commencé avec rien ou presque rien, est arrivé à l'aisance, à la richesse, je me dis qu'à côté de lui il doit y avoir une bonne femme, qui est l'ordre, l'économie, la prévoyance, la vigilance de la maison. Il y a mieux encore que l'œil du maître, c'est l'œil de la ménagère. L'homme, s'il est intelligent et laborieux, peut gagner de l'argent, mais c'est la femme qui l'épargne ; et notre loi, qui veut qu'en fin de compte le tout se partage par moitié, est une loi juste.

« Dans le choix d'une compagne vous vous êtes,

comme toujours, laissé guider par votre cœur et il a été un bon guide. Cette compagne n'a pas été seulement le charme de votre foyer, elle en a été le bon génie; vous n'avez pas eu de plus sage conseiller; bien des fois les avis de sa prudence ont contenu les hardiesses de votre esprit fougueux. Elle a droit à sa part dans ce jour, car elle aussi a donné un fortifiant exemple, celui de toutes les vertus domestiques. Comme vous elle inspire à vos ouvriers un sentiment où le respect s'unit à l'affection; ils savent la bonté de son cœur. Quand l'un d'eux est blessé, n'est-ce pas elle qui lui donne les premiers soins, qui le panse, qui le console, qui est pour lui, — je ne sais pas de plus beau titre, — une véritable sœur de charité?

« Toulet, je vous ai vu naître. Votre père, le charpentier, était le voisin de mon grand-père, le marchand de bois. Vous veniez souvent dans notre maison. Plus âgé d'une dizaine d'années, je vous faisais l'héritier de mes jouets délaissés. Vous avez reçu comme moi les fortes leçons de ma grand'mère, et comme moi aussi, quelquefois ses corrections. Votre tante, avec ses 83 ans, est là, qui s'en souvient. J'ai vu l'enfant espiègle devenir un grand garçon plein de feu, un ouvrier adroit, un artisan habile, un entrepreneur, un constructeur, un mécanicien, un ingénieur, un grand industriel. Au prix de quels efforts, à travers quelles difficultés, malgré quels obstacles ! je le sais, car l'ami de votre enfance a été plus d'une fois votre conseiller ; il a été le confident de vos peines, de vos espérances, de vos soucis, de vos déceptions, de vos chagrins, de vos succès.

« Je vous ai vu au moment de la guerre, à cette époque de cruel souvenir. Ce que vous avez été alors, ce que vous avez déployé d'énergie, ce que vous avez montré de dévouement à la sainte cause de la Patrie, il suffit pour l'attester de la présence ici de M. le capitaine Warin. C'est au milieu des épreuves et des aventures de votre existence à travers les événements de la lutte nationale que vous vous êtes lié d'amitié avec cet officier d'ordonnance dévoué du général Faidherbe. Je ne puis prononcer le nom du général Faidherbe sans l'émotion d'une pieuse reconnaissance : il a fait briller un rayon de gloire sur les sombres jours de nos défaites ! Toulet, nous avons ensemble ressenti ces grandes douleurs, nous avons confondu nos larmes désolées, nos sanglots de rage ; ensemble nous avons conspiré pour la Patrie malheureuse. Vous avez bien souffert pour elle ! Quand j'ai lu votre nomination dans le *Journal officiel* du 30 décembre, je me suis dit qu'à un jour près c'était le 12ᵉ anniversaire de cette nuit du 31 décembre, la dernière de l'année fatale, où vous êtes venu à Amiens chercher un refuge sous mon toit. Vous y avez trouvé votre femme, venue aussi à ce triste rendez-vous. Elle aussi avait dû fuir, franchissant les jardins, escaladant les haies, pour échapper à la fureur des Allemands qui, ne pouvant lui arracher le secret de votre retraite, menaçaient de livrer aux flammes ces ateliers, fruit de tant de labeurs. Cruels moments ! Souvenirs toujours vivants, parce que la plaie est toujours saignante. J'étais près de vous dans ces heures affligées, j'y suis encore au jour glorieux de la récompense. J'ai accompagné votre existence tout entière de mon regard fidèle : mieux qu'un autre j'en puis porter témoignage.

« Mon ami, je vous remercie de m'avoir choisi pour parrain C'est pour moi une grande joie de vous dire :

« Au nom du Président de la République, en vertu des pouvoirs qui me sont conférés, je vous fais chevalier de la Légion d'honneur,

« Embrassez-moi. »

17